Kölsche Tapas

Henning Krautmacher & Gabriella Christ

Kölsche Tapas

Kleine Leckereien nach „Kölscher Art“

Herausgegeben von Ernst Lüttgau

Kölsche Tapas? Dat jitt et doch janit!

Oh doch! Warum denn auch nicht? Und die Idee dazu ist auch sehr schnell erklärt: Köln hat über achtzig Stadtteile. Der südlichste davon ist Mallorca. Mallorca gehört zu Spanien und aus Spanien kommen Tapas. Diese Tapas essen die Kölschen gerne - und nehmen die Erinnerung daran - oder gar das Rezept dazu - gerne mit nach Hause, in ihr eigenes Veedel. Das gilt natürlich auch für die kulinarischen Kreationen in anderen Kölner Vierteln: Die besten Reibekuchen kamen schon immer aus Ehrenfeld - vom „Strohut", die besten Koteletts gab es immer schon beim „Lommi" (Lommerzheim) in Deutz, und das beste Goulasch-Rezept wurde in der Kölner Innenstadt von den Machern der „Puszta Hütte" angewendet. Jetzt gilt Colonia aber auch durchaus als „multikulinarisch" - und das nicht erst seitdem die Höhner dieses Wort in ihrer Köln-Hymne erfunden haben. Der Italiener an der Ecke - Antonio - ist längst zum „Milano-Tünn" geworden. Yussuf mit seinen türkischen Spezialitäten reagiert schon längst auch dann, wenn er liebevoll Jupp gerufen wird. Wilhelmus van Gent, kurz Willy, der an seinem Blumenstand bereitwillig erklärt, dass er gerne beim Import von echten holländischen Matjes oder Fleisch-Kroketten behilflich sei und der Köbes im Brauhaus, der aussieht wie „ne Iehrefelder Jung", der aber in Wirklichkeit aus Österreich stammt und gerne vom Kaiserschmarrn schwärmt - haben allesamt dazu beigetragen, dass die Kölsche Foderkaat so vielfältig ist.
Alle diese Einflüsse zusammen genommen - und auf die Idee, auf den Begriff: „Tapas" kapriziert, führten zu diesem Druckwerk.
Um die Entstehung der Tapas ranken sich laut „Wikipedia" einige Legenden. So soll etwa König Alfons X. von Kastilien während einer Krankheit gezwungen gewesen sein, zwischen den Mahlzeiten Wein und kleine Häppchen zu sich zu nehmen; nach seiner Genesung soll er veranlasst haben, dass Wein künftig nur noch zusammen mit einer **Kleinigkeit** zu Essen serviert werden dürfe.

Eine andere Geschichte führt die Entstehung auf den Brauch zurück, alkoholische Getränke mit einem Deckel abzudecken; diese seien zu Anfang mit Oliven beschwert worden, um nicht fort geweht zu werden, und mit der Zeit seien die Beschwerungsmethoden immer einfallsreicher und kunstvoller geworden.

Eine weitere Geschichte führt die Tapas auf **kleine Imbisse** zurück, die Feldarbeiter zwischen den Mahlzeiten zu sich nahmen, um die Zeit zwischen den Hauptmahlzeiten zu überbrücken.

Übereinstimmend kann man jedoch feststellen, dass es sich bei der Verwendung des Begriffes Tapas – frei übersetzt – immer um „Zwischendurch-Häppchen" gehandelt hat. Wobei das „Zwischendurch" sich in der heutigen Zeit sicherlich zu einem relativen Begriff entwickelt hat. „Zwischen-zwei-Bier" oder besser „Zwischen-zwei-Glas" passt noch immer 'n Tapa.

Entscheidend ist also: Ideenreichtum in Kleinigkeiten zu verpacken – und darin waren die Kölschen schon immer ganz weit vorne.

Die Ideen finden sich auf den folgenden Seiten und sind als liebevolle Kleinigkeiten in Wort und Bild zu sehen. Sie sollen anregen zum Nachmachen und inspirieren zur eigenen Kreativität.

Ob Zuhause oder in der kölschen Kneipe an der Ecke – möge die Welt und die Menschen durch Kleinigkeiten ein wenig enger zusammen rücken.

Esse un Drinke verbingk Liev un Siel!
Tapas verbinge mit Hätz un Jeföhl!
Essen und Trinken verbindet Leib und Seele!
Tapas verbinden mit Herz und Gefühl!

Vorwort

Manche Ideen im Leben sind einfach so naheliegend, dass man sich – wenn es soweit ist – die Frage stellt: Warum sind wir denn da nicht schon früher drauf gekommen? So geschehen bei der Idee zu diesem Kochbuch, oder sollten wir es besser Rezeptideen-Buch nennen?

Nun – zunächst einmal kann man ja getrost sagen: Es ist nie zu spät! Schließlich ist uns ja noch niemand zuvorgekommen, was ein Buch über „Kölsche Tapas" angeht (jedenfalls nicht, dass ich wüsste). Und darüber hinaus war es bei allen meinen bisherigen Bemühungen, Kochrezepte zu kreieren oder aufzuschreiben und in Buchform zu veröffentlichen, nicht mein Ansinnen irgend einen Konkurrenten „auszustechen“. Wenn überhaupt „ausstechen“, dann die „Knäcke-Dömche, Leberkäs- oder Panne-Dömche“ mit einer Ausstechform in den verschiedenen Rezepten hier in diesem Büchlein.

Und damit sind wir schon bei der Entstehungsgeschichte: Nachdem mein Freund und Verleger Ernst Lüttgau unser durchaus als betagt zu bezeichnendes Kochbuch „Kölsch für ze müffele“ neu auflegen wollte, und wir die Neuauflage durch neue Rezepte erweitert hatten, „stolperten“ wir in der Diskussion um diverse Kleinigkeiten über den Begriff „Tapas“.

Sogleich wollten wir die Ideen zu „kölschen Kleinigkeiten“ mit zwei bis drei Rezepten in „Kölsch für ze müffele“ unterbringen. Schnell jedoch merkten wir, dass die Ideen gar nicht aufhörten zu sprudeln. Also kam es zu der Entscheidung, der Ideensammlung die Chance für ein eigenständiges Buch zu geben.

Als dann auch noch schicksalhaft-zufällig ein Zusammentreffen mit meiner langjährigen Freundin Gabriella Christ (sie ist eine hervorragende Köchin!!!) einen explosionsartigen Ideenschwall ausgefallenster Tapas hervorzauberte, war das Dream-Team komplett – und nicht mehr zu stoppen. Die gemeinsame kreative Zeit – ob beim theoretischen Entwickeln oder beim Kochen oder Zubereiten der Kölschen Tapas – war Spaß und Freude pur.

Man darf gespannt sein, was UNS
als nächstes einfällt ....

Hätzliche Jrööss un vell Spaß
beim noh-koche

Henning Krautmacher

Vorwort

Das Wort Lebensmittel hat für mich eine ganz besondere Bedeutung. Es sind Mittel zum Leben. Daher verdienen sie auch meine besondere Aufmerksamkeit, wie die Luft zum Atmen und die Fähigkeit zu lieben.

Meine Leidenschaft fürs Kochen war der Motor für dieses entzückende Buch.

Als Henning und ich uns kennen lernten, hat keiner von uns daran gedacht, dass uns der Weg zu „Kölsche Tapas“ führen wird. Schnell haben wir unsere Gemeinsamkeiten für „LebensMittel“, die Liebe zu Köln und das autodidaktische Kochen entdeckt.

Die Gabe zu Kochen ist mir zugefallen und vertiefte sich auf mehreren Stationen in meinem Leben. So habe ich mich vor vielen Jahren in einer sehr namhaften Schwarzwälder Küche vorgestellt mit den Worten: „Ich arbeite wie ein Pferd, will kein Geld, nur was zu essen und ein Dach über dem Kopf. Dafür bringt ihr mir alles bei, was ich wissen muss.“
Das war der Grundstein meiner kulinarischen Karriere.

Anschließend folgten eine Reihe Kochkurse bei den großen Köchen unseres Landes, und bis heute finden sich alle Erfahrungen wieder in meinem Charity Club – dem LinersClub.

Auch wenn ich nicht als Köchin meine Röggelchen verdiene, so ist Kochen dennoch Herzstück in meinem Leben.

Gemeinsam essen ist Kommunikation und verbindet Menschen. Die Vielfalt der Kölschen Tapas tragen zum kulinarischen Entdecken bei, denn es sind ja nur „Kleinigkeiten“ ...

jenießt et
Gabriella Christ

Gabriella Christ

Inhalt

Inhalt

Inhalt

Düvels-Levverwoosch

Düvels-Levverwoosch

Teufelsleberwurst – Pikant angemacht

Zutaten:

200 g feine Kölner Leberwurst
1 rote Paprika
1 Zwiebel
1 Eigelb
Rosenpaprika
Schnittlauch
Petersilie

Zubereitung:

Paprika und Zwiebel sehr fein würfeln und mit dem Eigelb unter die Leberwurst mischen. Mit Rosenpaprika abschmecken und mit Schnittlauch und Petersilie verfeinern.

In einem kleinen Töpfchen servieren und Brot dazu reichen.

ölner Leberwurst

Himmel un Äd Türmche

met Flönz

Himmel un

Ein Türmchen von karamellisiertem Apfe

Zutaten für 8 Tapas:

4 mittelgroße, mehlige Kartoffeln
8 Scheiben Blutwurst
2 kleine Äpfel
Zwiebelringe
brauner Zucker
Salz
Muskat
Mehl
Milch
Butter

Zubereitung:

Kartoffeln kochen und anschließend mit Muskat, Salz, Milch und etwas Butter zu einem lockeren Püree verarbeiten.

Den Apfel (mit Haut) in Scheiben schneiden und in der Pfanne mit Butter und Zucker karamellisieren.

Die Blutwurst mehlen und in der Pfanne braten.

Äd-Türmche met Flönz

gebratener Blutwurst, lockerem Kartoffelpürree
und mit kross gebratenen Zwiebelringen gekrönt.

Die Zwiebelringe mehlen und knusprig ausbacken.

Zuerst den Apfel, dann die Blutwurst, das Püree und zum Schluss die Zwiebelringe zu einem Türmchen gestalten.

Drei kleine Italiener

Drei kleine Italiener

Maultaschen mit drei verschiedenen Füllunge

Zutaten für ca. 30 „kleine Italiener“

Für den Teig:

300 g Pasta/Spätzle-Mehl (gibt's im gut sortierten Supermarkt) nach Packungsangabe zubereiten. Den Teig dünn ausrollen (optimal mit einer Nudelmaschine) und die verschiedenen Füllungen mit einem Teelöffel in regelmäßigen Abständen auf dem Teig verteilen. Mit einer zweiten Teigplatte abdecken und mit einem Rändel (Teigrad) in gleichmäßige Stücke teilen.

Für die Füllungen:

Lachsfüllung:

100 g Räucherlachs (fein geschnitten), den Saft einer 1/2 Zitrone sowie die abgeriebene Schale, 1 TL Meerrettich, Dill (fein gehackt) miteinander vermengen und mit Pfeffer abschmecken. Die Sauce dazu: Basilikum-Pesto.

Tomaten-Mozzarella-Füllung: 2 Tomaten und 1/2 Kugel Mozzarella-Käse fein würfeln, mit fein gehacktem frischen Basilikum (1 EL) vermengen und mit Pfeffer und Salz abschmecken. Dazu: Tomatensauce aus fein gehackten Tomaten mit etwas Olivenöl und frischem Basilikum.

Hühnchen-Gorgonzola-Füllung: 100 g Hühnchen-Fleisch, 50 g Gorgonzola und 1/2 Chili-Schote sehr fein hacken und vermengen. Das Ganze mit einem Spritzer Honig, Pfeffer und Salz abschmecken. Dazu: Sahne-Trüffel-Sauce.
200 ml süße Sahne, 1 EL Trüffelbutter (mit Stücken) in einer Pfanne auf die Hälfte reduzieren. Mit Pfeffer, Salz und abgeriebener Zitronenschale abschmecken.

em Kölsch-Mäntelche

Jemös em

Verschiedene Gemüse (Broccoli, Fenche
im Bierteig (natürlich Kölsch

Zutaten:

Broccoli-Röschen
Fenchel-Streifen
Paprika-Streifen
Champignons
Oliven (ohne Kern)

Für den Kölsch-Teig:

250 g Mehl
3 Eier
1/2 Glas Kölsch
(100 ml)
Zucker und Salz
nach Geschmack

Zubereitung:

Die Zutaten für den Kölsch-Teig mit einem Mixer vermengen und abschmecken.

Das unterschiedliche Gemüse in mundgerechte Stücke teilen, durch den Teig ziehen und in der Fritteuse ausbacken.

Dazu: Aioli-Sauce (Mayonaise-Knoblauch-Sauce)

Kölsch-Mäntelche

ote Beete, Oliven, Paprika)
itiert und mit einer Aioli-Sauce serviert.

Ääze-Creme-Zupp-

Cappuccino

Ääze-Creme-Zupp-

Erbsen-Creme-Süppchen von gelben un

Zutaten:

200 g frische (oder tiefgefrorene) grüne oder gelbe Erbsen
1 Zwiebel
1/4 l Gemüsebrühe
20 ml Sonnenblumenöl

Zubereitung:

Die kleingeschnittene Zwiebel im heißen Öl glasig dünsten. Die Erbsen dazu geben und erhitzen. Dann die Gemüsebrühe angießen, kurz aufkochen und bei geschlossenem Deckel etwa 10 Minuten köcheln. Das Ganze im Mixer fein pürieren. Die fein pürierte Suppe nun noch einmal passieren (durch ein Sieb streichen oder mit der „Flotten Lotte“).

Cappuccino

grünen Erbsen

Mit Pfeffer und Salz abschmecken.

Die Erbsen-Creme-Suppe in eine Tasse oder Glas geben und mit Milchschaum auffüllen.

FC-Spießjer

FC-Spießjer

Rot-weiße Spießchen von Rauchfleisch

Zutaten für 10 Spießchen:

3 Scheiben Rauchfleisch (ca. 1 cm dick)
4 Scheiben Ziegen-Schnittkäse

Zubereitung:

Rauchfleisch und Ziegen-Schnittkäse in der gleichen Dicke im Wechsel aufeinander legen. Mit einem Messer in gleich große Türmchen schneiden und mit einem Holzspieß servieren.

nd Ziegenschnittkäse

Frikadellcher

met kölschem Mostert

Frikadellcher met

Mini-Frikadellen mit original

Zutaten:

500 g Hackfleisch halb Rind/halb Schwein
1 große Zwiebel
2 Eier
1/2 TL Salz
1/2 TL Pfeffer
1 hartes Brötchen
Butter
Kölner Senf

Zubereitung:

Die Zwiebel schälen und fein hacken. Hackfleisch, Zwiebel, Eier, Salz, Pfeffer und Brötchen, das vorher in reichlich Wasser eingeweicht wurde (nach dem Einweichen das Wasser gut ausdrücken), gut vermengen.

Aus dem Fleischteig ca. 3 Zentimeter dicke, runde Plätzchen formen und in reichlich ausgelassener Butter langsam dunkelbraun braten.

Mit recht viel echt, orginalem Kölner Senf servieren!

Drillings-Quallmännchen

Drillings-Quallmännchen

Kleinste Pellkartöffelchen mit Kräuter-Sahnequark

Zutaten:

Drillings-Kartoffeln
1 Paket Sahnequark
Frische Kräuter

Zubereitung:

Die Kartöffelchen sorgfältig waschen und mit Schale ca. 15 Minuten in Salzwasser gar kochen.

Den Quark mit frischen Kräutern (auch aus der Tiefkühltruhe), Pfeffer, Salz und einem Spritzer Zitrone abschmecken und in die längs aufgeschnittenen Pellkartöffelchen geben.

Drillings-Kartoffeln nennt man die kleinen Kartoffeln, die bei der Ernte normalerweise sozusagen durch's Raster fallen.

Flönzspießjer met

Senfzaus

Flönzspießje

Blutwurst-Spießchen mit buntem Paprika und eine

Zutaten:

1 Ring Blutwurst
je 1 rote, gelbe und grüne Paprika
Kölner Senf
200 ml süße Sahne

Zubereitung:

Blutwurst (es geht übrigens auch mit Fleischwurst) in 2 Zentimeter dicke Scheiben schneiden. Paprika waschen, Boden und Deckel abschneiden, entkernen, das Fruchtfleisch an einer Seite aufschneiden und zu einer rechteckigen Fläche auslegen.

Mit einer runden Ausstechform (ca. 3 Zentimeter) sowohl die Blutwurst als auch die verschiedenen Paprika

met Senfzaus

erzhaften Senfsauce

ausstechen. Im Wechsel auf einen Spieß aufreihen.

Für die Sauce 200 ml Sahne in einer Pfanne auf die Hälfte reduzieren und mit 1 EL Kölner Senf sowie Pfeffer und Salz abschmecken. Vor dem Servieren abkühlen lassen.

Höhner am Spießje

Höhner am Spießje

Hähnchenbruststreifen mit buntem Paprika an

Zutaten:

Hähnchenbrust
je 1 rote, gelbe und grüne Paprika
Curry
Paprikapulver
Pfeffer
Salz
Butterschmalz

Zubereitung:

Hähnchenbrust in Streifen schneiden, die Paprika waschen entkernen und in kleine Stücke schneiden.

Die Hähnchenbruststreifen wellenförmig und im Wechsel mit den farbigen Paprikastücken aufspießen.

Würzen mit Curry, Paprikapulver, Pfeffer und Salz.

pießchen

Dann die Spieße in der Pfanne bei mittlerer Hitze in Butterschmalz ca. 10-15 Minuten goldbraun braten.

Man kann sie auch feurig scharf mit Chilipulver würzen.

Jebackene Camembert

Jebackene Camembert

Fritierter Camembert en Miniature mit Preiselbeere

Zutaten:

Kleine Camembert-ecken
1 Ei
Paniermehl
frische Petersilie
Preiselbeerkompott

Zubereitung:

Die Camembertecken zuerst in dem aufgeschlagenen Ei, dann im Paniermehl wälzen und in heißem Öl oder Fett goldbraun frittieren.

Die frische Petersilie anschließend ebenfalls kurz frittieren.

Zusammen mit Preiselbeerkompott servieren.

nd frittierter Petersilie

Knäcke-Dömche

Foto: Ralf Jürgens

Knäcke-Dömche

Selbstgebackenes Knäckebrot - mit einer Ausstechforr

Zutaten für ca. 20 Knäcke-Dömchen:

200 g Dinkel (fein gemahlen)
75 ml Wasser
50 g Sesam-Saat
25 ml Sonnenblumenöl
1 schwach gehäufter TL Salz (Meersalz oder Himalayasalz)

Zubereitung:

Alle Zutaten zu einem festen Teig kneten und auf Backpapier dünn ausrollen. Mit einer Ausstechform (im Internet zu bestellen unter www.koelsche-tapas.de) kleine Plätzchen ausstechen und bei 200 Grad ca. 20 Minuten backen (Heißluft 180 Grad).

Aus etwa 8 mm dicken Gouda-Scheiben (mittelalt) mit derselben Form Käse-

ergestellt - mit Gouda und Kölner Senf

Foto: Ralf Jürgens

Dömchen ausstechen, mit Butter und Senf bestreichen und zwischen zwei Knäcke-Plätzchen geben.

Botteramme

fünf Johreszigge

Verschiedene deftige Brotsorten, bestrichen mit:

Fastelovends-Botteramm met Cognac-Botter

Zutaten & Zubereitung:

100 g „jute“ Butter mit
1 TL Akazienhonig
2 cl Cognac und
1 Prise Salz vermengen. Mit Rosinen garnieren.

Fröhjohrs-Botteramm met Kräuter-Botter

Zutaten & Zubereitung:

100 g „jute" Butter mit je 1 TL fein gehackter Petersilie, Schnittlauch, Kerbel, Basilikum, Kresse, Dill, 1/2 Knoblauchzehe, 1 Prise Salz, 1 Spritzer Zitronensaft vermengen und sorgfältig durchkneten.

Botteramme fünf

Verschiedene deftige Brotsorten, bestrichen mit:

Sommer-Botteramm met Tomate un Basilikum

Zutaten & Zubereitung:

100 g „jute“ Butter mit

1 EL Tomatenmark

1 TL Tomatenpesto

2 EL frische fein gehackte Basilikumblätter

1 Prise Salz vermengen.

Herbst-Botteramm met Orijinal Kölner Senf

Zutaten & Zubereitung:

100 g „jute“ Butter mit

1 gehäuftem EL Original Kölner Senf (aus der Historischen Senfmühle am Holzmarkt)

1 TL Akazienhonig und

1 Prise Salz vermengen.

Botteramme fünf

Verschiedene deftige Brotsorten, bestrichen mit:

Winter-Botteramm met Öllig un Knofel

Zutaten & Zubereitung:

100 g „jute“ Butter mit 2 Schalotten (fein püriert)

2 Knoblauchzehen (fein püriert)

1 Prise Salz vermengen.

Wegen winterlicher Rutschgefahr die Botteramme mit Pfeffer aus der Mühle „bestreuen“.

Johreszigge

Firkes-Pralincher

Firkes-Pralincher

Herzhafte Fleischpralinen von der Schweinshaxe

Zutaten für ca. 50 Pralinen

Ca. 500 g Schweinshaxe
Suppengrün
3-4 Zwiebeln
1 Knoblauchzehe
Chili
1/4 l Fleischbrühe
1/4 l Kölsch
Paniermehl
2 Eier

Zubereitung:

Die Schweinshaxen sehr scharf anbraten, die Zwiebel gleichfalls (wegen der Röstaromen).

Das Suppengrün, den Knoblauch und die Chili ebenfalls mit anrösten. Dann mit Kölsch und Brühe aufgießen und Schmorbratengewürze (Nelken Lorbeer, Paprika, Salz, Pfeffer) zugeben.

Im Ofen dann ca. 3-4 Stunden bei 150 Grad schmoren.

Am nächsten Tag das Fleisch ablösen und mit der durchgesiebten Soße, dem Paniermehl und den Eiern zu einem festen Teig verarbeiten.

Nun kleine Kugeln formen, in Paniermehl wälzen und sehr kurz in der Pfanne anbraten. Danach auf Küchenkrepp „entfetten".

Flüjelcher met För

Flüjelcher met För

Gebratene Hähnchenflügel, karamellisiert i

Zutaten:

Hähnchenflügel
Olivenöl
Paprikapulver
(Rosen und edelsüß)
Currypulver
Pfeffer
Salz
Chili-Sauce
(süß/sauer)

Zubereitung:

Aus Olivenöl und den Gewürzen eine Marinade herstellen und die Hähnchenflügel damit großzügig bestreichen.

Im Backofen bei 180 Grad ca. 10 bis 15 Minuten goldbraun ausbacken.

Die Chili-Sauce sofort über die heißen Flügel geben.

üß-scharfer Chili-Sauce

Kölscher Creme-Brüller

Kölscher Creme-Brüller

... hat nichts mit süßem „Crème-Brulée

Zutaten:

Schwarzbrot
Butter
Kölner Leberwurst (am besten eignet sich „Schlömer-Leberwurst“, die ist schön fest)
brauner Zucker

Zubereitung:

Schwarzbrot mit einer runden Ausstechform oder mit der Dom-Ausstechform (zu bestellen im Internet unter www.koelsche-tapas.de) ausstechen und mit Butter bestreichen .

1 Scheibe feine Kölner Leberwurst (am besten „Schlömer-Leberwurst“) mit derselben Form ausstechen und auf das Schwarzbrot legen.

Mit braunem Zucker bestreuen und mit einem Gasbrenner karamellisieren.

u tun.

Mettbällcher met Pepp

Mettbällcher met Pepp

Mit Mozzarella gefüllte Mettbällchen in scharfe

Zutaten für ca. 25 Mettbällchen:

500 g Schweinemett
1 Kugel Büffel-Mozzarella

Die Mozzarella-Kugel würfeln und je 1 Würfelstück in ein mit der Hand zu formendes Mettbällchen geben. Anschließend in kochendem Salzwasser ca. 5 Minuten garen.

Für die Sauce:

4 große Tomaten
1 bis 2 Chili-Schoten (je nach Geschmack)
1 Zwiebel
1 Knoblauchzehe
Olivenöl
Pfeffer und Salz

Tomaten enthäuten, entkernen und in Würfel schneiden. Die Zwiebel, Chili und die Knoblauchzehe schälen, fein hacken und im heißen Olivenöl in der Pfanne glasig werden lassen.

'omaten-Chili-Sauce

Die Tomaten dazu geben und das Ganze einköcheln lassen. Mit Pfeffer, Salz und einer Prise Zucker abschmecken.

Die Mettbällchen in der Sauce anrichten.

Mini-Halve-Hahn

Mini-Halve-Hahn

Das kölsche Nationalgericht „Halve Hahn" -

Zutaten:

Kleinste Röggelchen (gibt's nur auf Bestellung beim Bäcker)
mittelalter Holländer
gute Butter
Zwiebelringe
Kölner Senf

Zubereitung:

Brötchen aufschneiden, mit Butter bestreichen und mit ca. 1 Zentimeter dickem mittelaltem Holländer Käse belegen.

Dazu: Gürkchen, Zwiebelringe, Kölner Senf und natürlich e lecker Jlas Kölsch!

lso ein Röggelchen (Roggenbrötchen) mit mittelaltem Gouda, Senf und Zwiebeln – en Miniature.

Kappesröllcher

Kappesröllcher

Mit Hackfleisch gefüllte Wirsing- un

Zutaten für ca. 12 Röllchen:

1 kleiner Wirsing,
1 kleiner Spitzkohl,
ca. 250 g Hackfleisch,
1 altes Brötchen,
1 Zwiebel,
Honig
Gewürze für die Hackfüllung (Salz, Pfeffer, Paprika)

Zubereitung:

Einen Teig aus Hackfleisch, Gewürzen und Brötchen herstellen (das Brötchen vorher in Wasser einweichen und das Wasser sorgfältig ausdrücken).

Den Kohl blanchieren.

Hackfleisch und Kohl zu kleinen Rouladen formen und in eine Auflaufform geben.

Spitzkohl-Rouladen en Miniature in Honig abgebacken.

Mit Honig versehen und im Ofen ca. 20 Min. bei 180 Grad backen.

Öllig en Rudwingzaus

Öllig en Rudwingzaus

Kleine Silberzwiebeln in Rotwein/Balsamico-Sauce

Zutaten:

Silberzwiebeln (aus dem Glas)
20 ml Olivenöl
200 ml Rotwein
30 ml Balsamico-Essig (dunkel)
4 EL Zucker
Salz
Pfeffer

Zubereitung:

Die Silberzwiebeln abtropfen lassen und in Olivenöl anbraten.

Jetzt mit den 4 EL Zucker karamellisieren und mit Rotwein und Balsamico ablöschen. Reduzieren bis es sämig wird.

Mit Pfeffer und Salz abschmecken.

Kölsches Senfbuffet

Historische Senfmühlen
Anno
1810
Delikatess-Senf
Indisch Curry
Inhalt: 250 ml
Köln
Historische Senfmühlen
Anno
1810
Delikatess-Senf
Waben-Senf
Inhalt: 250 ml
Köln
Cochem

Kölsches Senfbuffet

Verschiedene kölsche Senfsorten aus der „Historischen Senfmühle – Köln“, Holzmarkt 79-83, 50676 Köln.

Die gibt es dort in dekorativen Tonschälchen. Dazu verschiedene Brotsorten und natürlich ein leckeres Glas Kölsch.

Senfmühle anno 1810 Cochem & Köln

Panne-Quallmännncher

Panne-Quallmänncher

Kleinste Pellkartöffelchen in Butterschmalz un

Zutaten:

Kleinste Kartoffeln
(Drillings-Kartoffeln)
Butterschmalz
Rosmarin
grobes Meersalz

Zubereitung:

Die Kartoffeln sorgfältig waschen und mit der Schale in Salzwasser ca. 15 Minuten gar kochen.

Mit kaltem Wasser kurz „abschrecken“ und anschließend in einer Pfanne mit heißem Butterfett und Rosmarin-Zweigen schwenken.

Mit dem groben Meersalz bestreuen und in der Pfanne servieren.

Rosmarin geschwenkt

Rievköchelcher met

schmackes

Rievköchelcher met

Kleine Reibekuchen mit verschiedenen Beilage

Zutaten für ca. 20 Mini-Reibekuchen:

4 große, rohe, geschälte Kartoffeln
1 Zwiebel
1 EL Speisestärke
1 Prise Muskat (gerieben)
Salz
Rapsöl

Zubereitung:

Die Kartoffeln und die Zwiebel fein reiben. Die Speisestärke hinzugeben und mit Muskat und Salz abschmecken.

In einer Pfanne mit reichlich Rapsöl kleine Reibekuchen kross ausbacken.

Anrichten auf Pumpernickel mit Rübenkraut – oder mit einer kleinen Scheibe Räu-

Schmackes

äucherlachs, Lachstartar, Rübenkraut)

cherlachs oder mit Lachstartar versehen – oder aber einfach nur so.

Zijaare

Zijaare

Pikante Schafskäsemischung im gerollten Strudelteig

Zutaten:

Brikteig (Strudelteig)
Schafskäse
Creme légère
Chili (aus der Mühle)
Olivenöl

Zubereitung:

Den Brikteig nach Anleitung (oder Fertigteig vom türkischen Händler) fein ausrollen und in Postkarten-große Stücke aufteilen.

Aus Schafskäse, Creme légère und Chili eine feine, cremige Masse herstellen und die Teigstücke damit dünn bestreichen.

Zu einer Zigarre aufrollen, mit Olivenöl bestreichen

und im Backofen bei 180 Grad wenige Minuten goldbraun backen.

Witzigerweise in einer Zigarrenkiste servieren.

Prumme

em Speckmäntelche

Prumme

Pflaumen im Speckmantel ar

Zutaten:

1 Paket Trocken-
pflaumen (entkernt)
ca. 200 g

20 Scheiben Bacon
2 cl Zwetschgen-
schnaps
Sojasoße (dunkel)
Balsamico-Essig
etwas trockenen
Rotwein und Pfeffer
zum Abschmecken

Zubereitung:

Die Trockenpflaumen in eine kleine Schüssel geben und mit Wasser angießen bis die Früchte gerade so bedeckt sind. Über Nacht abgedeckt einweichen lassen.

Am nächsten Tag die Pflaumen entnehmen und das so gewonnene „süße Wasser" beiseite stellen. Die einzelnen Pflaumen in je eine Scheibe Bacon einwickeln und anschließend in einer beschichteten Pfanne –

em Speckmäntelche

Balsamico/Slibowitz-Sauce

ohne weitere Zugabe von Öl oder Fett – von allen Seiten kross ausbacken.

Nun den Bratenfond mit dem „süßen Pflaumen-Wasser" ablöschen und ca. drei Minuten einköcheln lassen. Abschließend mit Sojasoße, Balsamico-Essig und Pfeffer abschmecken. Noch einmal kurz aufkochen und vom Herd nehmen. Erst jetzt einen Schuss Rotwein und den Zwetschgenschnaps unterrühren.

Die fertige Soße über die „Prumme em Speckmäntelche" verteilen und servieren.

Schmeckt warm und kalt! Auch mit frischen Pflaumen zubereitet eine Delikatesse!

Pääds-Äppel

Päädś-Äppel

Ein mit „Rheinischem Sauerbraten" und Soße

Zutaten:

Für selbst gemachte Klöße:
300 g gekochte mehlige Kartoffeln
3 Eier
100 g Mehl (Spätzlemehl)
Salz
Muskat

oder Fertigkloßteig (halb und halb)

Sauerbraten mit Soße

Apfelspalten zur Deko

Zubereitung:

Rheinischen Sauerbraten entweder selbst herstellen oder von einem guten Metzger fertig kaufen.

Kloßteig herstellen, fertig oder selber machen.

Die Soße des Sauerbratens in Würfel einfrieren.

Eine Mulde in den Kloß drücken und mit einem

efüllter Kartoffelkloß.

Stück Fleisch und dem gefrorenen Soßenwürfel füllen und fest verschließen.

Den Kloß wie gewohnt in Salzwasser garen.

Ooß-Pralincher

Ooß-Pralincher

Herzhafte Ochsenschwanz Pralinen

Zutaten für ca. 50 Pralinen

Ca. 500 g Ochsenschwanz
Suppengrün
3-4 Zwiebeln
1 Knoblauchzehe
Chili
1/2 l Fleischbrühe
1/4 l Rotwein
Paniermehl
2 Eier
Mohn

Zubereitung:

Den Ochsenschwanz sehr scharf anbraten, die Zwiebeln gleichfalls (wegen der Röstaromen).

Das Suppengrün, den Knoblauch und die Chili ebenfalls mit anrösten. Dann mit Rotwein und Brühe aufgießen und Schmorbratengewürze dazu geben (Nelken Lorbeer, Paprika, Salz, Pfeffer).

Im Ofen dann ca. 3-4 Stunden bei 150 Grad schmoren.

Am nächsten Tag das Fleisch ablösen und mit der durchgesiebten Soße, dem Paniermehl und den Eiern zu einem festen Teig verarbeiten.

Nun kleine Kugeln formen, in Paniermehl wälzen und sehr kurz in der Pfanne anbraten, danach auf Küchenkrepp „entfetten" und in Mohn wälzen.

LSD (Leberkäs-Senf-Dömche)

Prise Liebe

LSD (Leberkäs-Senf-

Der Kölner Dom en Miniature aus Leberkäse un

Zutaten:

Leberkäse

Kölner-Cayenne-Senf

Zubereitung:

Aus ca. 1 cm dicken Scheiben Leberkäse mit der Dömchen-Ausstechform (zu bestellen im Internet unter www.koelsche-tapas.de) die doppelte Anzahl an Dömchen ausstechen wie benötigt.

Je zwei Dömchen durch den Kölner Cayenne-Senf miteinander verkleben und

Dömche)

ayenne-Senf

aufrecht stehend im Backofen ca. 5 Minuten bei 200 Grad backen, bis die Domspitzen goldbraun sind.

Kleine Jeißböckcher

Kleine Jeißböckcher

Gebackener Ziegenkäse mit Honig auf Salatblatt

Zutaten:

Ziegenkäse (am besten die Rolle)
Akazienhonig
Toastbrot
grüner Salat

Zubereitung:

Toastbrot ausstechen und mit Ziegenkäse belegen, dann mit Honig beträufeln und im Ofen überbacken.

Auf einem Salatblatt servieren.

Sahnehirring em Kiesdöppe

Sahnehirring em

Ein Sahneheringsfilet in

Zutaten:

Sahneheringsfilets
Kaviar
frisch geriebener
Parmesan-Käse

Zubereitung:

Den frisch geriebenen Parmesan-Käse (pro Körbchen 2 gehäufte EL) in einer beschichteten Pfanne bei mittlerer Temperatur schmelzen bis die Ränder goldbraun werden.

Mit einem Pfannenwender vorsichtig aus der Pfanne nehmen und sofort über z. B. ein Schnapsglas stülpen und in wenigen Sekunden auskühlen lassen.

Kiesdöppe

?armesankörbchen mit Kaviar

Das Glas entfernen und das nun entstandene Körbchen mit einem eingerollten Sahneheringsfilet füllen.

In einem Salatblatt mit etwas Kaviar anrichten.

Staatse-

Stetz em Övvertrecker

Staatse-Stetz em

Garnelenschwänze im Kokosmantel

Zutaten:

Garnelen mit Schale
1 Ei
Kokosraspeln
Curry
Chili
Salz
Sonnenblumen-Öl zum Backen

Zubereitung:

Garnelen bis auf den Schwanz vom Panzer befreien, dann zuerst in mit Curry, Chili und Salz verquirltem Ei wälzen, anschließend mit Kokosraspeln panieren und in Öl ausbacken

Övvertrecker

Müllemer Böötche

Müllemer Böötche

Heringsfilet-Spießchen in Chicorée

Zutaten:

Heringsfilets
grüne Oliven (ohne Kern)
grüne Oliven (mit Paprika-Füllung)
Chicorée

Zubereitung:

Aus den Heringsfilets schmale Streifen schneiden und daraus kleine Röllchen, gefüllt mit den verschiedenen Oliven, formen.

Im Wechsel auf ein Holzspießchen aufziehen und in einem Chicorée-Blatt servieren.

Rhingsalmröllcher

Rhingsalmröllcher

Mit Frischkäse-Creme gefüllte

Zutaten:

200 g Räucherlachs
(in Scheiben)
Pumpernickel
125 g Frischkäse
1 TL Sahne-
Meerettich
1 EL Zitronenmelisse
(fein gehackt)
Limetten (ungespritzt)
Pfeffer
Salz

Zubereitung:

Frischkäse, Sahne-Meerrettich und Zitronenmelisse sowie geriebene Limettenschale zu einer feinen Creme verarbeiten.

Mit Pfeffer und Salz abschmecken.

Die Räucherlachsscheiben großzügig mit der Creme bestreichen und vorsichtig einrollen. Dann in etwa 2 Zentimeter dicke Abschnitte schneiden und auf Pumpernickel anrichten.

äucherlachsröllchen

Zuunterst 1 oder 2 Blätter Zitronenmelisse geben, damit die Wirkung einer Rose entsteht.

Matjes-Kräcker

Matjes-Kräcker

Frisches Matjesfilet auf hauchdünner

Zutaten:

Matjes-Filets
Zwiebel
Tomaten
Knäckebrot

Zubereitung:

Die Matjesfilets in mundgerechte Rauten schneiden und im Wechsel mit Zwiebelringen und Tomatenscheiben auf Knäckebrot anrichten.

äckebrot.

Köbes-Muschele

Köbes-Muschele

Gebackene Jakobsmuscheln

Zutaten:

Jakobsmuscheln
Zitronenscheiben
Butter
Pfeffer
Meersalz
… und Champagner

Zubereitung:

Die Jakobsmuscheln mit Butter in der Pfanne goldbraun ausbacken. Je eine Muschel auf einer Zitronenscheibe anrichten, mit etwas Pfeffer und Meersalz würzen.

Dazu unbedingt Champagner – was denn sonst?
... oder Selters.

CHAMPAGNE
MOËT & CHAND
BRUT IMPÉRI

Klitzekleine Appeltaat

Klitzekleine Appeltaat

Kleine glasierte Apfelküchlein

Zutaten für ca. 6-8 kleine Törtchen:

Für den Teig:

150 g Mehl

75 g Butter

50 g Zucker

1 Ei

Prise Salz

Alles zu einem festen Teig verarbeiten und im Kühlschrank min. 1 Stunde kühl stellen.

Zutaten Füllung Vanillecreme (Pudding):

3 Eigelb

50 g Zucker

1 EL Mehl

1 Päckchen Vanillezucker (mit echter Vanille)

200 ml Sahne

3 Äpfel

Eier und Zucker in einen Topf schaumig schlagen. Die Vanille und das Mehl unterrühren. Dann die Sahne dazu geben und unter Rühren sanft erhitzen. Sobald die Masse anzieht (anfängt einzudicken) vom Herd nehmen.

Zutaten Aprikosenlasur:

Aprikosenkonfitüre

2 cl Obstbrand

3-4 EL Wasser

Alles in einem Topf erhitzen und beiseite stellen.

Zubereitung:

Den Teig ausrollen und die Tortenförmchen damit auslegen, mit Vanillecreme füllen.

Dann die in Spalten geschnittenen Äpfel dekorativ verteilen und bei ca. 220 Grad ca.15 Minuten backen. Direkt nach dem Backen die Aprikosenglasur auftragen, damit es heiß in den Teig einzieht und somit glasiert.

Ich ben sööß – treck mich

eruss

Ich ben sööß – treck mich

Tiramisu – im Glas geschichtet

Zutaten für 4-6 Gläschen oder Espressotassen

4-6 Löffelbiskuit
1 Tasse starker Kaffee
4 cl Amaretto
Zucker
200 g Mascapone
4 Eigelb
50 g Zucker
Vanille
Kakaopulver
zum Bestreuen

Zubereitung:

Für die Mascaponecreme Eigelb mit Zucker schaumig schlagen, Mascapone und Vanille (nach Anleitung) unterziehen – fertig.

Löffelbiskuit mit der Zuckerseite in den Kaffee/Amaretto tauchen bis sie zur Hälfte vollgesaugt sind.

Biskuit und Mascapone schichten und vor dem Servieren mit Kakao bestreuen.

eruss

Staatse Plüschprumm

Zutaten:

1 Pfirsich (frisch oder aus der Konserve)
200 ml Dessertwein
100 ml Wasser
3 Eigelb
2 EL Zucker

Zubereitung:

Pfirsich schälen und mit einem Melonenausstecher Kugeln formen, diese im Gemisch aus 100 ml Dessertwein und 100 ml Wasser kurz sautieren und kalt werden lassen. Eigelb und Zucker schaumig schlagen (zur Rose abschlagen) und mit 100 ml unverdünntem Dessertwein zu einer sehr lockeren Creme aufschlagen (Zabaione).

abaione im Glas

Panne-Dömche

Panne-Dömche

Kleiner Kaiser-Schmarrn mit Pfannen-Dömchen

Zutaten:

100 g Mehl
2 Eier
50 ml Milch
1/2 TL Backpulver
1 EL Zucker
1 Prise Salz
Himbeer-Konfitüre

Zubereitung:

Alles zu einem sämigen Teig vermengen und in einer Pfanne 2 bis 3 Pfannkuchen von beiden Seiten goldbraun ausbacken. Mit der Dom-Ausstechform (zu bestellen im Internet unter www.koelsche-tapas.de) pro Portion 3 Dömchen ausstechen, übereinander legen und mit Himbeer-Konfitüre miteinander verkleben.

Auf einem Teller anrichten und mit Staubzucker bestreuen.

Dazu Apfelmus.

Klitzekleine

Plüschprumme-Taat

Klitzekleine Plüschprumme-

Kleine glasierte Pfirsichküchlein

Zutaten für ca. 6-8 kleine Törtchen:

Für den Teig:

150 g Mehl

75 g Butter

50 g Zucker

1 Ei

Prise Salz

Alles zu einem festen Teig verarbeiten und im Kühlschrank min. 1 Stunde kühl stellen.

Zutaten Füllung Vanillecreme (Pudding):

3 Eigelb

50 g Zucker

1 EL Mehl

1 Päckchen Vanillezucker (mit echter Vanille)

200 ml Sahne

eingelegte Pfirsiche

Eier und Zucker in einen Topf schaumig schlagen. Die Vanille und das Mehl unterrühren. Dann die Sahne dazu geben und unter Rühren sanft erhitzen. Sobald die Masse anzieht (anfängt einzudicken) vom Herd nehmen.

Taat

Zutaten Aprikosenlasur:

Aprikosenkonfitüre
2 cl Obstbrand
3-4 EL Wasser

Alles in einem Topf erhitzen und beiseite stellen.

Zubereitung:

Den Teig ausrollen und die Tortenförmchen damit auslegen, mit Vanillecreme füllen.

Dann in Spalten geschnittenen Pfirsich dekorativ verteilen und bei ca. 220 Grad ca. 15 Min. backen. Direkt nach dem Backen die Aprikosenglasur auftragen, damit sie heiß in den Teig einzieht und somit glasiert.

unaanständig Fisternöllche

E unaanständig

Pralinenmousse mit Himbeer ur

Zutaten für 4-6 kleine Gläser:

4 Eier
200 g Pralinen (dunkel)
100 ml Sahne
2 EL Zucker
200 g Himbeeren (tiefgekühlt)

Zubereitung:

Pralinen im Wasserbad schmelzen.

Eier trennen, Eiweiß steif schlagen, Eigelb mit Zucker schaumig schlagen (zur Rose).

Die geschmolzenen Pralinen unter die Eigelbmasse geben, dann die geschlagene Sahne unterziehen und zum Schluss den Ei-Schnee unterheben.

Fisternöllche

ahnekern

Die Masse muss sehr luftig sein.

Für die Himbeercreme; gefrorene Himbeeren mit etwas Obstschnaps, oder Saft mit dem Pürrierstab zu einer Creme verarbeiten (wie ein Sorbet).

In einem Glas zunächst die Mousse dann im Mittelteil die Himbeercreme und zum Schluss wieder die Mousse schichten und mit einer Himbeere dekorieren.

Kölsche Waggel-Pitter

(e Kölsch för Pänz)

Kölsche Waggel-Pitter

Ein Kölschglas, gefüllt mit Wackelpuddin

Zutaten:

3/4 l Apfelsaft

1/4 l Zitronensaft

Gelatine

Zucker

Vanillecreme

Zubereitung:

Apfelsaft-Zitrone-Mix mit Gelatine nach Anleitung zu Wackelpudding verarbeiten und in Kölschgläser (bis zum Eich-Strich) füllen. Kalt stellen bis die Flüssigkeit erstarrt ist.

Dann mit Vanillecreme eine Schaumkrone aufsetzen und noch mal ca. 1 Stunde kalt stellen.

Eine verblüffende Wirkung!

(e Kölsch för Pänz)

Apfel-Zitrone-Geschmack) und Vanillecreme

Credits

An dieser Stelle möchten wir uns ganz besonders herzlich bedanken, bei allen fleißigen Helfern, Freunden, Bekannten und natürlich bei den „Versuchskaninchen", die unsere Kreationen vorkosten mussten.

Anke Kölling für's Probieren und kritische Hinterfragen der kölschen Wort-Kreationen, Steffie Ebelhäuser für ihren unermüdlichen Einsatz in der Kölschen Tapas-Küche, Andreas Reinert für Tipps, Besorgungen und kritische Anmerkungen beim Anrichten der Speisen, Gabriellas Töchtern Mone, Charly und Jacky für deren vollmundiges Lob, Mats und Valentin für ihre ehrliche Ansage zu den süßen Tapas (Kinder sagen immer die Wahrheit), Diana Billaudelle, die das Büchlein in Szene gesetzt hat, Ernst Lüttgau für zahlreiche Fotos und für sein grenzenloses Vertrauen in uns und Petra Lüttgau für's Korrekturlesen.

Kölsches Kochbuch

Schmeck dat dann? Und ob das schmeckt, und es macht sofar richtig Spaß, „op Kölsch zu koche".

Die kölsche Küche ist ehrlich, manchmal deftig, aber ohne Schnörkel und oft mit einer Prise Raffinesse.

Eins ist sie immer: „Lecker"!

180 Seiten, Format 12 x 13 cm, zahlr. s/w Abbildungen, Hardcover, EUR 8,50
ISBN: 978-3-933070-88-3

Kölsch für ze müffele

Spezialitäten und Geschichten, Amüsantes und Wissenswertes rund um die kölsche „Foderkaat", 111 Rezepte garniert mit kölschen Verzällchen, das ist „Kölsch für ze müffele".

Ein Koch-, Lese- und Entdeckungsbuch für alle, die die kölsche Küche und die kölsche Eigenart zu schätzen wissen.

240 Seiten, Format 24 x 22 cm,
Hardcover,
EUR 28,00
ISBN: 978-3-939908-35-7

E.G. LÜTTGAU VERLAG

Auf Erschberg 51 · 53945 Blankenheim
info@eg-luettgau-verlag.de · www.eg-luettgau-verlag.de

www.koelsche-tapas.de

Autoren: Henning Krautmacher und Gabriella Christ
Herausgeber: Ernst Lüttgau
Fotos: Henning Krautmacher, Ernst Lüttgau
Layout: Billaudelle - Agentur für Medien, Design und Illustration
www.billaudelle.de

ISBN 978-3-929721-11-9